Originalausgabe

Bilderbuchtext von Cornelia Neudert
auf Basis der TV-Folge »Der tollpatschige Elefant«
Originaltitel der TV-Folge: »Clumsy Elephant«, Drehbuch von Simon Nicholson

Umschlaggestaltung und Satz: Bastei Media, Erfurt
Gesetzt aus der Mikado und der Jambo
Druck und Einband: Grafisches Centrum Cuno GmbH & Co.KG, Calbe (Saale)

Printed in Germany
ISBN 978-3-8339-0448-6

5 4 3 2 1

Sie finden uns im Internet unter www.baumhaus-verlag.de
Bitte beachten Sie auch www.luebbe.de

MIX
Papier aus verantwortungsvollen Quellen
FSC® C043106
FSC www.fsc.org

Wissper

Ein Elefant will turnen

BAUMHAUS

Heute ist Aufräumtag.

Wisspers Zimmer ist total unordentlich.
Wenn sie und ihr Bruder Ralph alles aufgeräumt haben, gehen sie in den Zoo. Das hat Mama ihnen versprochen.
Aber erst, wenn sie wirklich fertig sind …

Plötzlich ertönt aus Wisspers Zimmer ein Rumpeln.
»Hm. Das war bestimmt mein Tierbuch, das vom Bett gefallen ist«, sagt Wissper.
»Muss aber ein dickes Buch gewesen sein«, wundert sich Ralph, denn das Rumpeln war ganz schön laut.

Schnell läuft Wissper in ihr Zimmer und macht die Tür hinter sich zu. Sie hat gar kein Buch auf ihrem Bett liegen lassen. Aber was hat dann so einen Lärm gemacht? Wissper staunt.

Und tatsächlich!

Unter ihrem Bett wachsen Ranken und Blattstängel hervor,
und dann steht auf einmal

mitten in ihrem Zimmer...

... ein Elefant aus dem Urwald!

»Hallo, Wissper!«, sagt er mit tiefer Stimme. »Ich bin Ellington, und ich brauche deine Hilfe!«
Der Elefant macht einen Schritt vorwärts und stolpert über einen Ball.

»Hoppla! Wie ungeschickt von mir!«

»Kein Wunder«, sagt Wissper, »bei dem ganzen Zeug, das hier herumliegt.«
»Ich will aber nicht immer so tollpatschig sein!«, entgegnet Ellington. »Ich wäre so gerne ein

Akrobat

und möchte tolle Kunststücke machen, genau wie die Affen in meinem Dschungel!
Kannst du mir dabei helfen?«
»Hm.« Wissper überlegt.

»Ich habe eine Idee. Aber dafür müssen wir erst mal in deinen Dschungel«, sagt sie dann und legt den Finger an die Lippen.

»Schhh!«,
flüstert Wissper.

»Augen fest zu, Wissper eilt herbei und hilft im Nu!«, singt sie.
Und in einem Wirbel aus bunten Zauberblüten und Blättern reisen sie in den Dschungel.

Wie schön grün die
Bäume hier sind!
Und so viele tolle Farben!
»Das ist ja ein

rauschender Regenwald!«,

ruft Wissper.
In den Bäumen über ihr
turnt eine Horde Affen.

Ellington beobachtet die Affen
mit leuchtenden Augen.
Er versucht sie nachzumachen,
hopst hoch und landet

plumps!

... auf seinem Hinterteil.
Die Affen lachen sich kringelig.
Ellington schämt sich entsetzlich.

»Hm, ich glaube, ich weiß, wer dir helfen kann«, sagt Wissper. Wieder schließt sie die Augen, legt den Finger an die Lippen und ruft leise:

»Schhh! Monty, kannst du mich hören?«

Ihr Freund, das Erdmännchen Monty, spitzt die Ohren:

»Ja, Wissper, ich kann dich hören!«

Sofort schließt er die Augen und fliegt, in einem Wirbel aus Zauberblüten, aus seiner Heimat herbei.

»Hu, hoppla,
holla, hui!«,

ruft Monty, als ihn die seltsamen Dschungelpflanzen in den Po piksen.

Und als er dann noch den großen Ellington sieht, versteckt er sich schnell hinter Wisspers Rücken.

Wissper erklärt dem Erdmännchen, dass Ellington ihr Freund ist und gerne Akrobat werden möchte. »Klar, das geht, das geht!«, sagt Monty. »Handstand, Salto, Überschlag: kein Problem –

bring ich dir alles bei!«

Und Monty schlägt Purzelbäume, macht Handstand-Überschlag und wirbelt vor dem Elefanten herum. Ellington freut sich und macht Monty einen Purzelbaum nach.

Aber der Elefant schlägt nicht nur einen Purzelbaum, sondern ganz viele!

Plötzlich kommt Ellington ins Rollen, und er rollt Beine über Rüssel ...

... schlapperdiwupp, schlapperdiwupp ...

einen Berg hinunter.

Das Erdmännchen muss
sausen wie der Wind,
um nicht von dem riesigen
Elefanten überrollt zu werden!

Doch da: ein Baum!

Ellington rumpelt dagegen
und kommt endlich zum Halten.

Puh!

Ihm ist ganz schwindlig.
Und ein tolles Kunststück war
das auch nicht.

Monty springt auf Ellingtons Rücken. »Mann, Mann, jetzt brauch ich erst mal 'ne Pause«, sagt er. »Hier oben ist viel Platz, hier leg ich mich hin.« Monty streckt sich auf Ellingtons Rücken aus. »Na, wenigstens einer hat's gemütlich«, murmelt Ellington. Er ist ein bisschen traurig, dass es mit dem Kunststück nicht geklappt hat.

Da hat Wissper eine Idee.

»Schhh! Erdmänchen, könnt ihr mich hören?«,

summt sie und ruft so Montys halbe Erdmännchenfamilie herbei.

»He, Monty, was machst du da oben auf dem Elefanten?«, fragen die anderen Erdmännchen. »Kommt hoch und guckt selbst!«, antwortet Monty. Und schon trippeln die Erdmännchen ratzfatz Ellingtons Rüssel hinauf …

»Hmm?«, macht der Elefant erstaunt, als plötzlich zehn Erdmännchen auf seinem Rücken herumturnen. Wissper lächelt zufrieden. »Du bist vielleicht nicht flink genug für Kunststücke. Aber auf dir kann man

super Kunststücke

machen!«, sagt sie.

Ellington strahlt. Er wiegt sich zufrieden hin und her, und die Erdmännchen machen Handstand, Überschlag und Erdmännchenpyramiden auf seinem Rücken.
Als die Affen in den Bäumen das sehen, wollen sie auch mitmachen!
Keiner lacht mehr über Ellington. Sie haben alle zusammen eine Menge Spaß und lassen sich vom Elefantenrüssel in die Luft schleudern wie von einem Sprungbrett.

Wissper freut sich und klatscht in die Hände. »So eine tolle Vorführung!«, ruft sie. Sie winkt noch einmal fröhlich und legt den Finger an die Lippen.

»Schhh!

Augen fest zu,
Wissper und Freunde
halfen im Nu ...«

Und in einem Wirbel aus bunten Blütenblättern gelangt sie zurück in ihr Zimmer.

Als sie unter dem Bett hervorkriecht, fällt ihr etwas ein.
Sie hat ja noch gar nicht aufgeräumt!

Oh nein!

Was wird jetzt aus dem Besuch im Zoo?!

Doch in ihrem Zimmer steht Ralph mit einem Besen in der Hand. »Keine Sorge«, sagt er und grinst.

»Alles erledigt!«

Und tatsächlich! Er hat Wisspers Zimmer aufgeräumt! Das war aber nett von ihrem Bruder! Also können sie gleich los. In den Zoo!

»Vielleicht sehen wir sogar einen Elefanten«, sagt Ralph und zwinkert ihr zu.